SO LEBEN WIR

MENSCHEN AM RANDE DER MEGACITYS

Jonas Bendiksen

CARACAS

NAIROBI

■MUMBAI

JAKARTA■

SO LEBEN WIR
MENSCHEN AM RANDE DER MEGACITYS

Jonas Bendiksen

EINFÜHRUNG VON
PHILIP GOUREVITCH

KNESEBECK

FÜR MILO UND SEINE FREUNDE

IN NAIROBI, MUMBAI, JAKARTA UND CARACAS

Wenn wir den Leuten von unserem Zuhause erzählen, wer wird uns glauben?

NAGAMMA SHILPIRI, MUMBAI

IM JAHR 2008 WERDEN ERSTMALS MEHR MENSCHEN IN STÄDTEN LEBEN ALS AUF DEM LAND. EIN Drittel dieser Stadtbewohner – über eine Milliarde – wohnt in Slums. Laut Hochrechnungen der Vereinten Nationen wird sich die Zahl ihrer Bewohner in den nächsten 25 Jahren auf zwei Milliarden verdoppeln. Mit halsbrecherischer Geschwindigkeit hält die Armut Einzug in den Städten und es existieren kaum übergreifende Pläne, wie diese dem Zustrom der Menschen Herr werden könnten.

Die Vereinten Nationen definieren Slums als übervölkerte, von Armut geprägte Wohnviertel, in denen es keine hinreichende Versorgung mit Frischwasser, keine Abwasserentsorgung, keine öffentlichen Dienstleistungen, keine angemessenen Unterkünfte und nicht einmal die einfachste Infrastruktur gibt. Oft handelt es sich um Elendsviertel, die Stück für Stück von ihren Bewohnern selbst errichtet wurden. Sie befinden sich in einem steten Zustand des Wandels und der Unbeständigkeit und sind oft die anfälligsten Bezirke einer Stadt. Manche werden verbessert und aufgewertet, bis sie schließlich offiziell in das Stadtnetz integriert werden, andere hingegen werden von Landbesitzern oder Stadtplanern abgerissen oder fallen Bränden und Fluten zum Opfer.

Auch die Bevölkerung dieser Viertel verändert sich unablässig. Wanderarbeiter kommen und gehen je nach Arbeitsangebot; manche, die ihr Leben lang hier gelebt haben, können ihre Lebensumstände verbessern und gehen weg. Nicht wenige der zugezogenen Landarbeiter stellen fest, dass die Armut in der Stadt ebenso unerbittlich ist wie auf dem Lande und kehren in ihre Dörfer zurück.

Alle Slums dieser Welt, so unterschiedlich sie auch sein mögen, haben eines gemeinsam: Sie liegen am Rande der eigentlichen Stadt. Doch darüber hinaus ist es schlichtweg unmöglich, allgemeingültige Aussagen über das Leben in den Slums zu treffen, denn immerhin handelt es sich bei ihren Bewohnern um nicht weniger als ein Sechstel der Erdbevölkerung. Die übliche Annahme jedoch, ein Slum sei geprägt von Armut, Dreck, Elend, Unsicherheit und Gefahr, zeigt nur eine Seite. Es gibt mindestens ebenso viele Geschichten von hart arbeitenden, geschäftstüchtigen Slumbewohnern. Zwar ist, wer in einer solchen Barackensiedlung lebt, ständigen Herausforderungen und Prüfungen ausgesetzt, doch kann man auch hier ein Zuhause finden, in dem man sich beim Abendessen unterhält, in dem Kinder ihre Hausaufgaben machen und gute Kontakte zu den Nachbarn bestehen.

Zwischen 2005 und 2007 verbrachte ich mehrere Monate in den Slums von Nairobi in Kenia, Mumbai in Indien, Jakarta in Indonesien und Caracas in Venezuela. Ich versuchte zu verstehen, wie sich der Alltag der Menschen dort gestaltet. Die Wohnviertel, die in diesem Buch vorgestellt werden, gehören zu den am dichtesten bevölkerten Orten der Welt, und in den beengten Quartieren, die oft nur aus einem einzigen Raum bestehen, gibt es kaum Privatsphäre.

Doch befindet sich darin oft ein häusliches Universum mit allen Besitztümern einer Familie. Improvisierte Tapeten, selbst gebaute Möbel und Erinnerungsstücke vermitteln eine Ahnung davon, was es heißen kann, im 21. Jahrhundert ein Stadtbewohner zu sein. In jeder der Behausungen, die ich besuchte, fotografierte ich alle vier Wände und ihre Bewohner. „Erzählt mir von eurem Leben hier", bat ich. Ich wünschte mir, dass sie mir von allem berichten, was sie bewegt, von ihren Wohnungen, Familien, Träumen, Hoffnungen, Jobs, Enttäuschungen und Ängsten. In diesem Buch habe ich ihren Stimmen Gehör verschafft und ihre Gedanken zusammengetragen über das Leben in dem am schnellsten wachsenden menschlichen Lebensraum: den Slums. Dies sind die Orte, an denen wir leben.

JONAS BENDIKSEN

EINFÜHRUNG PHILIP GOUREVITCH

VOR EINIGEN JAHREN BEGEGNETE ICH IN EINEM FLÜCHTLINGSLAGER, DAS IN GOMA, EINER STADT im Osten Kongos, auf hartem, schwarzem Lavagestein errichtet worden war, einem jungen Mann. Ich fragte ihn nach seiner Herkunft. „Ich bin der Besitzer dieser Zeltplane da", sagte er und zeigte auf einen kleinen blauen Fetzen aus reißfestem Nylon, der an vier dünnen Stöcken befestigt war und den Himmel abschirmte. Selbst diagonal gespannt reichte der Stoff kaum aus, um den Mann von Kopf bis Fuß abzudecken. Die Plane war ungefähr auf Brusthöhe angebracht und flatterte leicht im Wind. Es wäre übertrieben gewesen, diese Konstruktion als Unterstand zu bezeichnen. Es gab keine Seitenwände und auch keinerlei Habseligkeiten – der Fußboden bestand aus kahlem, zerklüftetem, vulkanischem Kies und Lavastaub. Das war alles. Doch unverkennbar war der Stolz, der in der Stimme des jungen Mannes mitschwang, als er davon wie von einem Zuhause sprach. Und dann dieses gewichtige Wort: „Besitzer".

Menschen sind anpassungsfähig – eine Eigenschaft, die ungemein inspirierend, aber zugleich auch sehr gefährlich ist: Einerseits sind wir außerordentlich erfinderisch und setzen uns gegen unvorstellbare Widrigkeiten durch, andererseits aber finden wir uns routinemäßig mit Dingen und Gegebenheiten ab, die eigentlich inakzeptabel sind – seien sie körperlicher, moralischer, sozialer, ökonomischer oder politischer Natur. So kommt es, dass Sie nun ein Buch in Händen halten, das mehr gekostet hat, als der Großteil der hier abgebildeten Menschen in den nächsten Monaten oder vielleicht im gesamten kommenden Jahr verdienen wird. Sie sind nur einige der Milliarde von Menschen auf dieser Erde, die in den ungeplanten, sich stetig ausbreitenden Mega-Slums unseres postkolonialen Planeten leben.

Wenn Sie dieses Buch lesen und damit den Eintrittspreis dafür bezahlt haben, sich das Leben derjenigen anzusehen, die Jonas Bendiksen aus der anonymen Masse demografischer Statistiken über Massenurbanisation und Massenarmut herausgesucht hat, kann man mit ziemlicher Sicherheit vermuten, dass Sie kein Slumbewohner sind. Was also hat Bendiksen eigentlich im Sinn, wenn er diesem bemerkenswerten Buch den Titel gibt: *So leben wir?*

Mit dem vermeintlich einfachen Wort „wir", der ersten Person Plural, fühlt sich auch der Leser angesprochen – dieses Wort vermittelt beides, eine großzügige Geste, durch die auch jene einbezogen werden, die sonst üblicherweise von den Diskussionen über ihre Lebensumstände ausgeschlossen werden, und gleichzeitig eine wagemutige Herausforderung, die das Selbstbild derjenigen von uns in Frage stellt, die in der behaglichen Illusion leben, die Ungleichheit der Welt aus unberührter oder zumindest sicherer Entfernung heraus betrachten zu können. Hier liegt der Schlüssel zu Bendiksens wahrhaft originellem und effektivem Ansatz: Er lichtet die Slumbewohner mit großer Kunstfertigkeit und persönlicher Intimität ab. Er identifiziert sich mit diesen Menschen, und mit Hilfe seiner Kamera und des Aufnahmegeräts bringt er sie mit uns und uns mit ihnen zusammen.

Er ist dabei nicht auf Konfrontation aus, sondern lädt sie in unser Leben ein und uns in das ihre. Indem er die gesamte Menschheit in seine einzigartigen Porträts einbezieht, gelingt es Bendiksen zudem, eines der grundlegenden formalen Probleme der dokumentarischen Fotografie zu lösen, die Frage: „Was liegt außerhalb des Rahmens?"

Die Antwort ist ebenso simpel wie überzeugend: Außerhalb des Rahmens befindet sich dasselbe wie innerhalb – wir selbst sind es. Wir sind sein Subjekt und sein Kontext. Dabei handelt es sich keineswegs nur um ein rhetorisches Stilmittel der Titelgebung. Es ist der Schlüssel zu der Kraft von Bendiksens Fotografien, zu seinen aus vier Teilen bestehenden Panoramabildern, welche die Ein-Zimmer-Behausungen der Slumbewohner zeigen und in gigantischen Barackenstädten am Rande von Mumbai, Caracas, Jakarta und Nairobi entstanden sind. Indem er sich in der Mitte des Raums postiert und alle ihn umgebenden vier Wände fotografiert, lässt Bendiksen nichts aus. Hat es je eine so ausgedehnte visuelle Darstellung von räumlicher Enge gegeben? Vor unseren Augen breiten sich Familien mit all ihren Besitztümern und Beziehungen aus, ja, wir werden geradezu von ihnen umgeben. Die formale Flächigkeit der Fotografie ist einer Dreidimensionalität gewichen.

Um diese Menschen und ihr Leben zu sehen, muss man Bendiksen in ihre Räume folgen. Das Gefühl ist dabei höchst intensiv, ja geradezu körperlich spürbar. Man ist kein Zuschauer, vor allem aber kein Voyeur: Man ist derjenige, den die auf den Fotos abgebildeten Menschen ansehen, während man selbst ihrem Blick „begegnet". Und sei der Raum auch noch so karg, das Auge des Fotografen hat einen alles verschlingenden Appetit auf die kleinsten Details des Lebens – wie bei einem Gemälde von Brueghel. Eine der wunderbaren Facetten dieser Bilder ist die unglaubliche Menge an Informationen, die man über die Vielschichtigkeit individueller Lebensumstände und -stile in diesem vermeintlich einheitlichen Meer von kleinen Baracken unserer heutigen übervölkerten Megametropolen erhält. Von einem Haus zum nächsten, von einer Stadt zur nächsten und von einem Kontinent zum nächsten hat Bendiksen dies erkannt und zeigt nun uns Lesern, dass die einfachste aller Formen, die Schachtel, unendlich variabel ist.

So leben wir: Eine Milliarde Menschen lebt auf eine Milliarde unterschiedliche Arten und Weisen. Schon auf den ersten Blick wird offensichtlich, dass diese Fotografien den lähmenden Aspekt unserer Wahrnehmung der Armut überwunden haben, jenes bildliche und verbale Vokabular stetig nagender Gleichheit, mit dem traditionellerweise diejenigen beschrieben werden, die mit dem Wenigsten auskommen müssen.

Doch Bendiksen schaut nicht nur hin, er hört auch zu. Er will sich nicht mit den traditionellen Grenzen der Fotografie abfinden und verleiht den Porträtierten auch eine Stimme. Seine Slumbewohner erzählen ihre Geschichten mit einer Offenheit, die es unmöglich macht, sie weiterhin als Fremde zu betrachten. In jedem Slum, den Bendiksen fotografiert hat, lebte er für einige Monate, und die Bilder und Stimmen, die er von dort mitgebracht hat, werden noch viel länger bei uns verweilen. Manche der Slumbewohner sind Analphabeten, die vom Müll leben; andere haben eine Hochschulausbildung genossen und arbeiten, manche sind verängstigt oder krank, wieder andere sind stolz auf ihre Häuser und sprudeln über vor Ideen. Natürlich handelt es sich bei fast allen von ihnen um Vertriebene, die eigentlich in besseren Umständen leben würden und noch vor fünf, zehn oder 20 Jahren in ganz anderen Siedlungen gelebt haben.

Die meisten von ihnen haben auf dem Land gelebt und gearbeitet – eine bis vor kurzem vorherrschende Lebensweise des Menschen. Doch geht es Bendiksen nicht darum, zu beurteilen, ob dieser Wandel als negativ oder positiv zu bewerten ist. Was zählt, ist, dass wir unsere Welt kennen sollten. Die Frage, ob wir sie ändern wollen oder können, stellt sich erst, wenn wir begriffen haben, wie diese Welt uns verändert.

Ernest Hemingway erzählte einmal, wie F. Scott Fitzgerald ihm sagte: „Die Reichen sind anders als du oder ich", woraufhin Hemingway antwortete: „Ja, sie haben mehr Geld." Dies ist die Grundaussage, die Bendiksen hier über die Armen trifft: Sie haben weniger Geld und weniger von all dem, was Geld mit sich bringt: Sicherheit, Nahrung, Hygiene, Schutz. Aber es wäre ein großer Fehler, *So leben wir* allein als Buch mit einer humanitären Botschaft zu klassifizieren. Es handelt sich um eine höchst anspruchsvolle Reportage, ein subtiles und gleichzeitig tiefgreifendes Werk. Indem es in individuelle Umstände eintaucht und einzelne Beispiele herausgreift, dokumentiert es das Zusammenlaufen epochaler Kräfte, welche die Lebenssituation der Menschheit verändern. Zugleich ist es ein Werk von vollendeter künstlerischer Qualität, Ausdruck einer höchst sensiblen visuellen Wahrnehmungskraft und eines außerordentlichen erzählerischen Talents.

Kein Zweifel, Bendiksens Fotografien sind nicht einfach nur Dokumente oder Zeitzeugnisse, ihre Kraft liegt weniger in den Informationen, die sie vermitteln, als vielmehr in der Art und Weise, wie sie diese vermitteln – formal, ästhetisch, dramatisch. Niemand würde abstreiten, dass diesen Fotografien Schönheit innewohnt, auch wenn das Abgebildete vielleicht diesen Anspruch nicht immer erfüllen kann. Das mag so sein und man muss es nicht bedauern. Die Vorsätzlichkeit der Kompositionen, die satte, fast übernatürliche Farbigkeit mit ihrer rauen, malerischen Dichte und den etwas verschwommenen Schatten – diese Kunstfertigkeit ist das Ergebnis von Bendiksens Eintauchen in die Slums, und sie bringt uns dazu, etwas zu betrachten, von dem wir uns sonst vielleicht abwenden würden. Mehr noch, wir schauen nicht nur hin, der Künstler bringt uns sogar dazu, dass wir wahrnehmen und fühlen. Bendiksen ist nicht der Erste, der einen neuen Weg gefunden hat, den Betrachter über das rein Visuelle hinaus zu einer vollständigen sinnlichen Erfahrung zu bringen, durch die man eine Fotografie nicht nur als Abbildung erlebt, sondern das Gefühl hat, auch hören, riechen und schmecken zu können. Dennoch ist es eine seltene Gabe, eine Buchseite zum Leben erwecken zu können – und noch seltener ist es, dass Fotografien uns dazu bringen, nachzudenken und etwas über uns selbst zu lernen.

Philip Gourevitch ist Redakteur der *Paris Review* und Autor von *Standard Operating Procedure: Inside Abu Ghraib* (in Zusammenarbeit mit Errol Morris) sowie *Wir möchten Ihnen mitteilen, daß wir morgen mit unseren Familien umgebracht werden: Berichte aus Ruanda.*

KIBERA, NAIROBI

IN KIBERA, DEM GRÖSSTEN SLUM OSTAFRIKAS, LEBT EIN VIERTEL DER BEVÖLKERUNG VON NAIROBI. Knapp 800 000 Menschen drängen sich auf einer Fläche, die etwa so groß ist wie der Central Park in New York und sich über einen langen, gewundenen Berghang am südlichen Rand der kenianischen Hauptstadt erstreckt. Die meisten Einwohner von Kibera leben in Ein-Raum-Häusern aus Lehm und Flechtwerk, deren Dächer aus Blech sind.

Bis in die 1920er Jahre war diese Gegend unbewohnt. Damals belohnte die britische Kolonialregierung sudanesisch-nubische Soldaten, die im Ersten Weltkrieg mit den Alliierten gekämpft hatten, indem sie ihnen Landparzellen zuteilte. Die ehemaligen Soldaten ließen sich an dem Berghang nieder und tauften ihn *kibra,* was nubisch Dschungel bedeutet. Die Briten versäumten es jedoch, die Besitzrechte an dem Land vertraglich festzulegen. Die Bevölkerung wuchs und andere ethnische Gruppen zogen hinzu, die Geschäfte eröffneten und Häuser bauten, aber niemand bekam rechtmäßig den Besitz der staatlichen Ländereien zugesprochen. Als Kenia 1963 ein unabhängiger Staat wurde, wuchs die Bevölkerung von Kibera um ein Zehnfaches. Doch weil es für das Land keine Befugnisse gab, wurde es aus den offiziellen Städtebauplänen ausgeklammert und erhielt nur wenige städtische Dienstleistungen wie Wasserversorgung, Kanalisation, Schulen und medizinische Versorgung.

Die offenen Abwasserkanäle liegen gleich neben den etwa 3,5 Quadratmeter großen Hütten, die vor allem in der Regenzeit sehr anfällig sind, wenn die Lehmwege Kiberas überflutet werden. Unsicherheit und Gewalt bedrohen die Familien, die hier versuchen, ihr Leben zu meistern. Doch bei einer monatlichen Miete von rund fünf Euro ist diese selbstorganisierte Enklave mit eigener Polizei oft die erste Anlaufstelle für Landbewohner, die ihre verarmten Heimatdörfer verlassen haben.

Ich wohne mit meinen fünf Kindern in diesem dreieinhalb Quadratmeter großen Haus in Kibera. Um die Kinder meiner Brüder und Schwestern kümmere ich mich ebenfalls. Wie man an den Wänden sehen kann, haben wir Tageszeitungen gelesen, den *Standard* und den *People's Daily*. Ich habe diese Zeitungen als Dekoration an die Wand geklebt – ich finde sie wunderschön. Dadurch sieht auch das Haus viel schöner aus, und außerdem kann man dann alles sehen, die Kakerlaken zum Beispiel. Wenn die Zeitungen da hängen, sieht man die Kakerlaken schon von weitem. Oder das da – das ist eine Ameise. So kann man sich schützen.

Es gibt in diesem Haus nur ein Bett, aber zehn Personen, die hier leben. Manche quetschen sich ins Bett, der Rest schläft auf den Stühlen. Wir verschieben diesen Tisch, dann kann man auch auf dem Boden schlafen. Es gibt keine Matratze, man liegt dann auf Kissen. Es gibt keine richtigen Fenster, also auch keine ordentliche Luftzirkulation. Es geht uns ganz gut, aber das Leben ist dennoch riskant. Wir beten zu Gott, dass wir nicht von

Krankheiten befallen werden oder ersticken. Das ist das einzige Problem, das ich mit diesem Haus habe. Wenn ich etwas Geld zusammen habe, werden wir hoffentlich einen Ventilator bekommen.

Ich bin froh, dass ich in Kibera wohnen kann, denn ich verdiene weniger als einen Dollar am Tag. Hier bin ich von niemandem abhängig. Für unsere Nachbarn gehöre ich zur „obersten Garde" in den Slums. Die meisten von ihnen haben nur eine Mahlzeit am Tag. Wir kochen zwei Mahlzeiten am Tag und frühstücken. Außerdem habe ich einen Fernseher. Ich kann verfolgen, was in der Welt da draußen los ist. Meine Nachbarn kommen auch, um fernzusehen, so wie jetzt. Sie wollen die Nachrichten sehen.

Charles Arori

Jonas, Naria, Hilda, Daniel, Gertruth, Mike, Charles

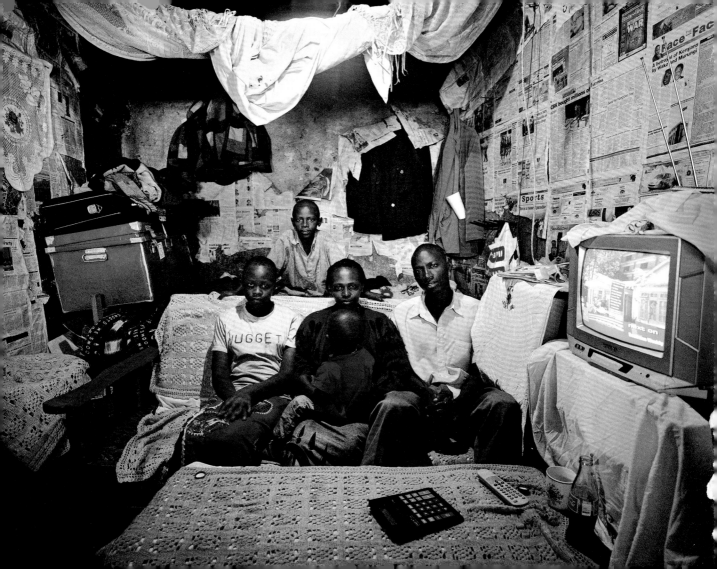

Münzlatrine

Die Nairobi-Kisumu-Eisenbahnverbindung

Ich weiß nicht, wie Sie mein Haus finden, aber ich finde es wunderschön. Es gefällt mir, auch wenn es sehr klein ist. Ich habe hier mein Bett, das ist sehr gemütlich. Ich habe Sessel, das Sofa, eine Kochecke, hier kann ich meinen Fernseher und meinen CD-Spieler hinstellen, hier die Lautsprecher, hier mein Aquarium. Wie Sie sehen, ist es blau gestrichen – schick, ich glaube, es gefällt Ihnen. Wir bemühen uns sehr, unser Leben gut zu meistern. Leute, die nicht in einem Ghetto leben, denken nur schlecht darüber. Im Fernsehen sieht man immer dasselbe Bild von Ghettos, aber ich versichere Ihnen, es gibt hier nicht nur dreckige Häuser. Hier leben sehr viele unterschiedliche Leute mit unterschiedlichen Vorstellungen. Man sollte sich einen Ort erst ansehen, bevor man ein Urteil fällt.

Nach meiner Ausbildung hier in Nairobi habe ich für British Airways gearbeitet, mir ging es sehr gut. Doch ich verlor meinen Job und muss immer noch im Ghetto wohnen und irgendwie weitermachen mit meinem Leben. Es fällt mir schwer. Ich habe eine Tochter und meine Frau, ich muss viel arbeiten und mit Problemen fertig werden, zum

Beispiel damit, dass meine Nachbarn anders denken. Ich erinnere mich, dass ich in meinem ersten Jahr bei British Airways Nachtschicht hatte und immer erst nach Mitternacht nach Hause kam.

Eines Abends fuhr ich in einem Auto mit, die letzten Schritte musste ich laufen. Plötzlich wurde ich getreten. Ich fiel zu Boden, dann sah ich, wie sich jemand näherte, mit einem Messer in der Hand, er kam immer näher. Ich schrie: „Gott!" Ich wurde verprügelt, sie nahmen mein Handy und meine Papiere. Ich rief fast fünf Minuten lang um Hilfe, aber die Leute blieben still und heimlich in ihren Häusern. Seitdem habe ich Angst. Man weiß nie, was als Nächstes passiert. So ist das Leben im Ghetto. Ich weiß nicht, ob dieses Leben gut ist oder schlecht.

Andrew Dirango

Andrew, Ann, Eunice

Auf der Flucht vor einem herannahenden Zug

Kampf auf offener Straße

Ich bin in Kibera geboren. Es ist sehr dreckig hier – das Abwassersystem ist schlecht, es leben hier zu viele Menschen und es gibt zu viele Häuser – man könnte es schon als Slum bezeichnen. Wir leben in einem Haus, das aus einem Raum besteht. Wir sechs Kinder und unsere Mutter. Mein Vater ist nicht tot, er hat eine andere Frau und hat uns verlassen.

Kibera ist okay, weil es hier billig ist, aber die Schule musste ich wegen der Gebühren abbrechen. Ich verdiene jetzt das Geld für die Familie, denn meine Mutter ist nicht immer hier. Ich bin Obstverkäuferin. Ich stehe morgens früh um fünf auf, versorge meine Geschwister und bringe sie zur Schule, dann gehe ich zur Arbeit. Ich arbeite bis acht Uhr abends. Vor zwei Wochen kam ich nach Hause und war sehr müde. Ich fühlte mich schlecht, aber ich musste meinen Brüdern erst etwas zu Essen machen, doch sie wurden nicht alle satt. Sie wollten mehr, aber ich war so müde, ich legte mich hin und tat so, als sei ich krank.

Letzte Woche wurden zwei Freundinnen von mir beim Klauen erwischt. Ich wusste nicht, dass sie so etwas machen. Ein Nachbar von uns beobachtete, wie sie in ein Haus eindrangen und einen Fernseher stahlen. Er fing an zu schreien und ganz viele Leute liefen herbei, sie riefen: „Was ist los?" Sie warfen Steine nach den Mädchen und verprügelten sie. Wenn sie mit Steinen nach dir werfen, fängst du an zu laufen, und die Meute läuft hinterher. Sie schlagen dich, während du läufst. Sie rannten immer weiter, ich folgte ihnen nicht. Es gibt da ein Geländer, wo der Zug vorbeifährt, da lehnte ich mich an und schaute zu. Nur ein Mädchen hat das überlebt. Die Polizei kommt nicht hierher. Es ist für sie zu gefährlich – man könnte sie töten oder ihnen ihre Waffen abnehmen. Wenn man hier beim Klauen erwischt wird, bringen sie einen um. Das überlebt man nicht.

Joyce Moraa

Eunice, Nancy, Joyce, Valentine, Annah, Barbara, Geoffrey

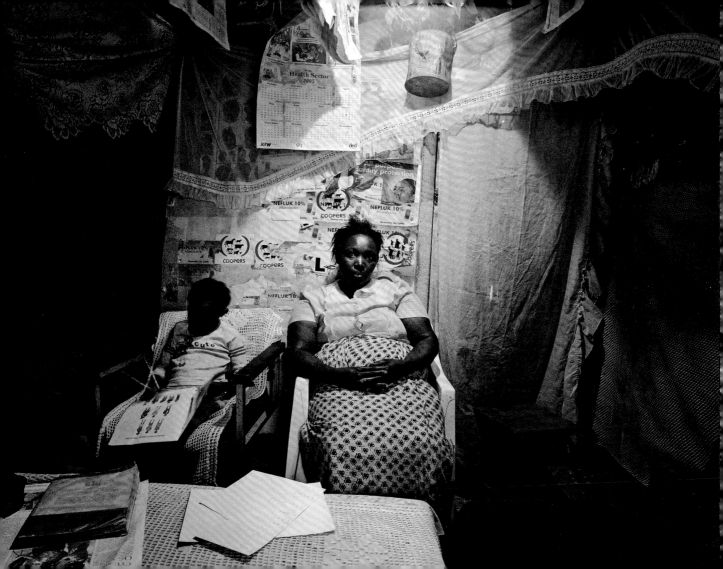

Sonntagsgebet

zum Weinen bringen." Ich antwortete: „Nein, ich werde nicht weinen, kein bisschen."

Dann sagte er leise: „Mama, du hast HIV. Ich hatte Angst, dir die schlechte Nachricht

zu sagen." Ich dachte, wer kümmert sich um meine Kinder, wenn ich sterbe? Also

begann ich, Medizin zu nehmen.

Das Leben meiner Kinder ist nicht so gut. Neulich kam der Vermieter vorbei, er sah

mich auf dem Boden liegen. Ich hatte nicht einen Cent, den ich ihm hätte geben können.

Niemand kann diesen Kindern helfen. Mein Sohn führt kein gutes Leben, er geht nicht

in die Schule. Manchmal kommt er erst sehr spät nachts nach Hause, um zwei in der

Früh. Manchmal fürchte ich, dass aus ihm ein Dieb oder ein Taugenichts wird.

Ich habe Gott gebeten, mir zu helfen. Jetzt weine ich sehr viel.

Halima Odero

Bashir, Derel, Robert, Mary, Kiza, Safine, Halima, James, Christine

Die Bombulu Bar

Ich habe Uganda wegen des Krieges verlassen. Meine Eltern wurden getötet und ich rannte einfach weg, bis ich nach Kenia kam. Hier lernte ich andere Mädchen kennen. Dann habe ich geheiratet. Nach unserer Hochzeit lebten wir in einem Dorf. Mein Mann wurde krank und ich erkannte, dass er nicht mehr gesund werden würde. Die Leute sagten: „Dieser Mann hat AIDS, der hat AIDS!" Ich beachtete sie nicht und pflegte meinen Mann, bis er starb. Nach seiner Beerdigung fingen die Leute an, mich zu hassen. Meine Schwiegereltern behandelten mich schlecht. Sie räumten alle meine Sachen aus dem Haus. Sie verweigerten mir die Farm und teilten sie unter sich auf. Ich war allein, ohne Geschwister oder Eltern. Ich wurde immer dünner, die Leute sagten: „Diese Frau stirbt bald." Ich hungerte und fing sogar an, Gras zu essen. Eines Tages sah einer meiner Nachbarn einen Laster voller Menschen, die nach Nairobi fuhren. Ich sprang auf.

Ich wohnte hier, wurde aber wieder krank. Ein Arzt kam und nahm mir meine Papiere ab. Er sagte: „Mama, was ich dir jetzt zu sagen habe, wird dich schockieren und

Beerdigung eines jungen Mädchens, das bei der Geburt seines Kindes starb

Ich lebe mit meinen zwei Kindern Musa und Moha an den Eisenbahngleisen in Kibera.

Meine Mutter war es, die mich dazu brachte, nach Kibera zu gehen. Das muss so etwa 1994 gewesen sein. Ich war nicht verheiratet und vollständig von meiner Mutter abhängig. Sie versorgte uns. Als meine Mutter 1998 starb, wurde das Leben hart. Ich suchte nach Alternativen, um meine zwei Brüder versorgen zu können. Damals bekam ich aber auch mein erstes Baby – ich hatte nichts zu tun, keinen Job. So geriet ich zwangsweise dazu, mich zu prostituieren. Indem ich mich verkaufte, einfach mit einem Mann mitging, wenn er dafür bezahlte, konnte ich für unser tägliches Brot sorgen.

Eines Tages begegnete ich einer Gruppe von Frauen. Sie redeten auf mich ein, sagten mir, dass das Leben, das ich führte, nicht gut sei. Sie boten mir ein Mikrofinanz-Darlehen an. Ich eröffnete einen kleinen Betrieb, verkaufte Holzkohle und Gemüse. So fing ich an, mein Leben zu ändern. Ich zahlte das Darlehen zurück und kaufte Essen für meine Kinder. Ich wollte mein Leben ändern, und es ist mir tatsächlich gelungen.

Boxer beim Training

In Kibera zu leben ist nicht schlecht. Ich bin an dieses Leben gewöhnt. Es ist billig und ich kann gut auf mich und meine Kinder aufpassen. Ich zog in diesen Raum, als meine Mutter starb. Ich wollte ihn schöner machen, er sah vorher nicht so aus wie jetzt. Hier war einfach nur raue Erde. Ich kaufte Farbe und strich die Wände an. Der Boden bestand aus Lehm, da legte ich einen Teppich drüber. Die Möbel sind von meiner Mutter, die hat sie mir vermacht.

Ich glaube, dass Gott mir helfen wird, aus Kibera herauszukommen. Ich träume immer, dass Gott eines Tages sagt: „Maimuna, dein Leben in Kibera ist jetzt zu Ende, nun wirst du ein gutes Zuhause haben." Ich wäre gern sehr reich, mit einem eigenen Haus – vielleicht sogar einer großen Farm. Dann würde ich ernten, graben und ernten.

Maimuna Yusuf

Musa, Moha, Maimuna

MUMBAI IST DAS AM DICHTESTEN BEVÖLKERTE STADTGEBIET DER WELT. IM SCHNITT LEBEN HIER bereits heute 30 Menschen pro Quadratmeter. Obwohl Mumbai die reichste Stadt Indiens ist, wohnen etwa zwei Drittel der Bevölkerung in den zahllosen *zopadpattis,* den Slums. Der bekannteste von ihnen, Dharavi, ist älter als die Stadt selbst und war bis zum Ende des 19. Jahrhunderts ein kleines Fischerdorf. Heutzutage ist das ehemalige Dorf Teil der Metropole und gehört zu deren Innenstadt. Etwa eine Million Menschen leben in diesem Elendsviertel, das trotz seiner Lage nicht an das Netz der Stadt angeschlossen ist. Den meisten Bewohnern mangelt es an sanitären Einrichtungen (1400 Anwohner teilen im Schnitt eine funktionierende Toilette). Ironischerweise zählt Dharavi mit einer durchschnittlichen Wirtschaftsleistung von einer Milliarde US-Dollar pro Jahr zu den erfolgreichsten Slums in ganz Asien. Auf der rund 2,5 Quadratkilometer großen Fläche drängen sich unzählige Betriebe. In Tausenden von Werkstätten, in Unternehmen und ausbeuterischen Betrieben schuften Tag und Nacht Arbeiter auf der Durchreise und solche, die schon lange hier leben. Sie nähen, färben Felle oder sammeln alle Arten von Müll – zum Beispiel Ölfässer oder Plastik – für die Wiederverwertung.

Obwohl viele der Einwohner Mumbais ihre Slums mit Argwohn und Abscheu betrachten, sorgen Gemeinden wie Dharavi dafür, dass der Rest der Stadt nicht an seinem eigenen Abfall erstickt. Durch die Wiederaufbereitung der Müllberge einer Megametropole entstehen Arbeitsplätze, mit deren Verdienst Mieten und Schulgebühren bezahlt werden. Doch Dharavi wird wohl in den nächsten zehn Jahren verschwinden, denn Mumbais Behörden planen, die Stadt zu einem Paradebeispiel für den wirtschaftlichen Aufschwung Indiens zu machen. Aufgrund seiner prädestinierten Lage soll der Stadtteil abgerissen und an seiner Stelle eine Apartmenthaussiedlung errichtet werden.

DHARAVI, MUMBAI

Ich finde Dharavi himmlisch. Ich kam kurz nach meiner Geburt hierher und während ich aufwuchs, wurde Dharavi ein Teil von mir. Selbst wenn man mich auffordern würde, von hier wegzugehen, könnte ich es nicht. Meine Erinnerungen, die Jahre, die ich hier verbracht habe, Schule und Hochschule – das alles spielte sich hier ab.

Die meisten Leute haben eine andere Meinung. Wenn wir ausgehen und Dharavi erwähnen, reagieren sie merkwürdig. Sie glauben, dass es hier gefährlich ist, dass hier böse Menschen leben, aber es gibt hier sehr viele gute Menschen. Ich arbeite als Versicherungsagent für die SBI Lebensversicherungen, und ich verdiene mehr als genug, um meinen Lebensstil zu finanzieren. Ich möchte in Zukunft als Geschäftsmann tätig sein. Ich werde mich weiterentwickeln. Es gibt Möglichkeiten, man muss sie nur finden. Ich werde ein schönes Haus haben und darin mit meiner Familie leben. Dann werden wir uns ein Fahrrad anschaffen oder ein Auto, und allmählich werden wir ein normales Leben führen, wie die anderen. Stadtentwicklung ist notwendig, das sehe ich

Spaziergang auf einer Wasserleitung

ein. Aber wenn sie hier vonstatten geht, werden wir traurig sein. Meine Kindheitserinnerungen, die Orte, an denen ich gespielt habe, alles, was ich gesehen und erlebt habe, wird innerhalb kürzester Zeit von Bulldozern dem Erdboden gleichgemacht werden. Niemand möchte, dass ihm seine Kindheitserinnerungen geraubt werden. Selbst wenn wir unsere Heimatdörfer besuchen, haben wir das Gefühl, dass etwas fehlt, dass wir etwas zurückgelassen haben. Es ist nicht einfach zu erklären.

Hier wird etwas Neues gebaut werden, und alles wird sich von Grund auf verändern. Die Straßen und Wege werden anders sein, mein Zuhause wird nicht mehr hier stehen. Stattdessen wird ein anderes Haus dastehen. Wir werden Fotos machen.

Amit Singh

Rajat, Jyoti, Atul, Meera, Kanchan, Amit

20 Jahre ist es her, dass ich mein Dorf verließ und nach Mumbai kam. Ich wurde verheiratet, aber mein Mann kümmerte sich nicht um mich. Wir hatten zwei Kinder, dann verließ er mich. Seitdem wohne ich bei meinen Eltern. Ich unterstützte meine Mutter, indem ich in vier Häusern arbeitete, dann bekam ich ein Darlehen, um dieses Haus zu bauen. Wir zahlen immer noch die Zinsen für das Darlehen ab. 15 Menschen leben in diesem Raum – viel zu viele! Meine Kinder sind hier, und auch die Kinder meiner Geschwister. Jetzt ist auch meine Schwägerin eingezogen, sie hat vier Kinder – aber wir sind eine Familie, wir schaffen es, zusammen in einem Haus zu leben.

Man hat hier viele Probleme. Ich hatte zwei Brüder, die aber beide starben. Meine Schwester hat ihren Mann verlassen, sie glaubt, dass er tot ist. Mein Vater hatte Arbeit, aber dann brach er sich das Bein, als ein Bulle ihn angriff.

Das Haus ist nicht groß genug für uns alle. Wir schlafen einer über dem anderen, einer im Bett, der andere darunter. Die Älteren, wie meine Eltern, schlafen in einer

Beim Zerkleinern von Farbpigmenten

Ölfässer werden wiederaufbereitet

Zimmerecke. Wenn der Regen kommt, sitzen wir alle auf dem einen Bett. Das ganze Haus steht dann unter Wasser. Wir können niemanden um Hilfe bitten, wir sitzen dann einfach die ganze Nacht da. Erst wenn das Wasser zurückgegangen ist, können wir arbeiten gehen. Dann regnet es wieder. Das Abwasser dringt ins Haus, sogar Fäkalien, dann stinkt das Haus. Bei allem müssen wir mit Schwierigkeiten kämpfen. Manchmal haben wir zu essen, an anderen Tagen müssen wir hungrig schlafen gehen, und wir sagen es niemandem. Aber wir lügen nicht. Niemand sollte solche Probleme haben wie wir in diesem Haus. Hier hilft uns niemand. Während der Regenzeit wurde Geld verteilt, aber nicht in unserer Gegend. Obwohl alles voller Müll und Flutwasser war, hat uns niemand geholfen. Wenn wir den Leuten von unserem Zuhause erzählen, wer wird uns glauben?

Nagamma Shilpiri

Hira, Sanya, Nagamma, Bhavana, Nagraj, Saubhagya, Isha, Rojamma, Nagesh, Yallapa

Nach meinem Studienabschluss habe ich versucht, einen Job in meinem Dorf zu bekommen, aber es half alles nichts. Ich wollte eigentlich nicht nach Mumbai kommen, wurde aber durch die Umstände dazu gezwungen. Wenn ich nur herumgesessen hätte, hätte sich nichts geändert. Dies ist ein sehr dicht besiedelter Slum, hier gibt es etwa 6000 Hütten. Ich finde die Lebensbedingungen sehr schwierig. Es gibt kaum einen sauberen Fleck und wir haben das Problem mit dem Strom. Jetzt haben wir einen sehr heißen Sommer. Ich kann nachts nicht schlafen. Es gibt viele Moskitos. Während des Monsuns kommt man sich vor wie in einem Gefängnis. Ich dachte, ich finde hier in Mumbai einen Job, ich habe ja eine Hochschulausbildung und wollte gern im Staatsdienst bei der Eisenbahn arbeiten. Aber solch eine Stelle zu finden ist schwer. Jetzt bin ich in der Bekleidungsindustrie beschäftigt. Wenn ich das geahnt hätte, dann hätte ich nicht so viel studiert, sondern ein Handwerk erlernt. Wenn jemand mit einer akademischen Ausbildung wie ich solch eine Arbeit machen muss, ist das deprimierend.

Dharavis wichtigstes Industriegebiet

Hochzeitsbeleuchtung

Ich wünschte, ich hätte in meinem Dorf bleiben können. Ich halte die Trennung von meiner Frau kaum aus. Ich bin in regem Kontakt mit meinen Kindern. Ein- bis zweimal im Monat versuche ich, Neuigkeiten aus meinem Dorf und über die Menschen dort zu erhalten – wie es ihnen geht, was für Probleme sie so haben. Mir fällt es sehr schwer, nicht bei meinen Kindern zu sein.

Wir leben zu viert in einem Zimmer. Wir arbeiten alle sehr viel, kommen abends um zehn nach Hause, kochen und gehen dann schlafen. Wir unterhalten uns kaum miteinander. Manchmal denke ich, ich sollte meine Familie hierher holen, zu mir, aber wenn es mir schon schwerfällt, allein von dem Gehalt zu leben, das ich verdiene, wie kann ich meine Familie dann noch herkommen lassen?

Shuresh Chandra

Shubash, Shuresh, Ramjeet, Suraj

Sie werden diese Gegend abreißen, aber wir wissen nicht, wann wir die Kündigungen bekommen. Manche sagen, es wird einen Monat dauern, andere reden von zwei oder drei Monaten. Es gibt keine Sicherheiten. Wessen Haus wird zuerst abgerissen? Es heißt, dass die Leute nach dem Abriss neue Häuser bekommen werden, bei Mankhurd. Aber da gibt es kein Wasser. Außerdem ist es sehr weit weg und es gibt keine Möglichkeiten, dort zu arbeiten oder ein eigenes Geschäft zu betreiben. Zum Arbeiten müssten wir hierher zurückkommen und die Fahrtkosten sind teuer. Aber wenn sie uns einen neuen Raum anbieten, müssen wir den nehmen. Da die Regierung dieses Problem für alle lösen soll, wird es wohl hoffentlich gut werden, für alle.

Ich wohne seit meiner Kindheit in dieser Gegend. Früher lebte ich mit meinen Eltern in einem *chawl*, einem Mehrfamilienhaus, da hatten wir ein Zimmer für uns. Aber nach meiner Hochzeit starben meine Eltern, also mussten wir die Wohnung verkaufen und hierher ziehen. Wir leben hier schon seit vier Jahren, vor uns gab es niemanden. Hier

In Wechselschichten schlafende Schneider

Arbeiter einer Ledergerberei

war nur ein Bach mit viel Schlamm drumherum. Diese Gegend ist sehr weitläufig, es gibt Tausende von Baracken hier. Wenn wir auf die Toilette müssen, müssen wir rausgehen, das ist ein Problem, wir müssen auf die Straße machen.

Strom gibt es mal für zwei Tage, dann wieder zwei Tage nicht, oder es gibt überhaupt keinen Strom. Wir haben nicht viel Platz für die Kinder zum Spielen. Sie spielen auf der Straße, aber da kommt es immer wieder zu Unfällen.

Ich war nie in der Schule und kann nicht lesen. Ich verdiene Geld als Näher für Jeans und andere Hosen. Das ist in Ordnung, aber es ist ein langer Arbeitstag. Ich möchte meinen Kindern etwas beibringen. Solange ich lebe, werde ich ihnen etwas beibringen, das ist sicher, solange es mich noch gibt.

Laxman Khumbi

Parvathi, Laxman, Shaili, Sharadha

Ich kam aus meinem Heimatdorf in Uttar Pradesh, etwa 900 Kilometer von hier entfernt, nach Mumbai, weil ich Arbeit suchte. Dort gab es keine Arbeit, also kam ich zum Geldverdienen hierher. Ich hatte kurz zuvor geheiratet – nach der Hochzeit muss man arbeiten – deswegen bin ich hier. Ich bin Zimmermann. Ich habe keinen eigenen Betrieb, ich mache kleinere Arbeiten für andere und komme so irgendwie über die Runden. Wir haben kein eigenes Haus, wir haben ein Zimmer gemietet, aber irgendwie geht es.

Dieser Raum ist drei mal dreieinhalb Meter groß. Die Möbel, die Sie hier sehen, habe ich selbst gebaut. Anderes habe ich geschenkt bekommen. Ich hatte hier ein paar Probleme, also gab mein Chef mir ein Bett, damit ich gut schlafen kann, und diesen Schrank für meine Kleidung. Mein Bruder lebt auch bei uns. Er lernt in der Schmuckindustrie. Er verdient nicht genug, aber er ist ja noch in der Ausbildung. Ich sage ihm, er wird schon noch erfolgreich, wenn er weiter arbeitet.

Sozialwohnblock im Slum

Der Star Carrom Club

Ich wache jeden Morgen um halb sieben auf. Ich wasche mich, dann gehe ich raus und suche Arbeit. Manchmal finde ich etwas, manchmal nicht. Es gibt hier in der Nähe ein Büro, da kann man nach Arbeitsangeboten fragen. So gegen zehn oder elf Uhr abends komme ich nach Hause, manchmal auch später. An anderen Tagen komme ich früh nach Hause. Manchmal verdiene ich sehr wenig, an anderen Tagen ist es schon besser. In Dharavi zu leben, ist billig. Es ist ein Ort für die Armen, darum sind wir hier.

Ich habe hier keine besonders guten Erfahrungen gemacht, an die ich mich erinnern könnte. Es ist aber auch nichts Schlimmes passiert. Nichts, woran ich mich erinnere. Was mit meiner Ehe ist? Es passierte ziemlich schnell. Meine Eltern haben nach einem Mädchen für mich gesucht, während ich hier war. Ich gehe nicht mit ihr aus.

Santosh Lohar

Meena, Sandhya, Santosh

DIE SICH IMMER WEITER AUSBREITENDE HAUPTSTADT VON INDONESIEN IST DER ALBTRAUM JEDES Stadtplaners. Innerhalb von nur drei Generationen stieg die Bevölkerungszahl explosionsartig von zwei auf 13 Millionen. Mit seinen breiten Boulevards, schicken Einkaufszentren und verglasten Wolkenkratzern erzeugt Jakarta zunächst einen Eindruck von Ordnung und Wohlstand. Doch der erste Blick täuscht: Der Verkehr steht kurz vor dem Kollaps, die Autoabgase hüllen die Gebäude in schmutzigen Dunst, die hygienische Grundversorgung ist unzureichend und die Kanalisation ist häufig mit Müll und Fäkalien verstopft.

Es gibt in Jakarta nicht einen einzigen großen Slum, stattdessen leben die Armen hier über die ganze Stadt verteilt. Ein Viertel von ihnen wohnt in sogenannten *kampungs,* Überresten von kleinen Dörfern, die von der ständig wachsenden Stadt überrollt wurden. Weitere fünf Prozent hausen in illegalen Siedlungen unter Autobahnbrücken, entlang der Eisenbahnschienen, an Flussufern und neben Abwasserkanälen. Die indonesische Sprache hat kein Wort für diese Viertel, deren Bewohner in den unwirtlichen Nischen des öffentlichen Stadtraums ihre primitiven Behausungen errichten. Neben Vertreibungen, Feuersbrünsten und der beengten Wohnsituation drohen diesen Menschen auch gefährliche Fluten, da zwei Fünftel von Jakarta unter dem Meeresspiegel liegen. Der Großteil der ärmlichsten Siedlungen befindet sich in der Nähe der mit Müll gefüllten Regenkanäle und ist kaum geschützt gegen die jährlichen Fluten des Monsuns, wenn sich ganze Sturzbäche über die Stadt ergießen. Zwei Wochen nach meinem Aufenthalt hier, Anfang des Jahres 2007, wurden von den fünf in diesem Kapitel abgebildeten Behausungen vier durch eine der schlimmsten Fluten zerstört, die Jakarta je erlebt hat.

KAMPUNG MISKIN, JAKARTA

Der Bandra-Kurla-Finanzgebäudekomplex

Mein Mann hat diese Hütte innerhalb von zwei Tagen gebaut. Sie steht unter der Gedong-Panjang-Brücke. Er brachte auch diese ganzen Aufkleber hier an. Er hat sie von einem Müllsammler, und der hat sie von einer Druckerei. Ich mag es, wenn alles ordentlich ist. In diesem kleinen Raum schlafen fünf Menschen. Wir quetschen uns zusammen, einer neben dem anderen. Wenn einer sich bewegt, bewegen sich auch die anderen.

Keiner aus unserer Familie schläft auf der Brücke, wie es einige unserer Nachbarn tun. Sie machen das, weil es hier unten heiß wird. Aber für uns ist es in Ordnung, hier unten zu schlafen. Da oben wird es sehr windig. Manchmal werden wir im Schlaf durchgeschüttelt, wenn ein Laster oben über die Brücke fährt. Das ist schon beängstigend, und man fragt sich, ob die Brücke das auch aushält. Wir haben auch Angst vor der Flut. Wenn der Wasserpegel steigt, laufen wir auf die Brücke. Und wenn die Flut tatsächlich kommt, suchen wir schnell unsere Habseligkeiten zusammen und bringen sie weiter hoch, auf die Brücke. Dann suchen wir Unterschlupf im BRI Bankgebäude. Meist blei-

Playstation-Spielhalle

ben wir dort, bis der Regen aufhört und der Wasserpegel wieder sinkt. Einmal wäre mein Sohn fast in den Fluss gefallen. Er zog gerade seine Hose an und rutschte dabei aus. Gott sei Dank haben wir ihn noch zu fassen gekriegt. Wenn er in den Fluss gefallen wäre, hätte das Wasser ihn fortgerissen.

Es tut mir leid um meine Tochter. Da wir im Moment nicht viel Geld haben, müssen wir uns hier niederlassen. Es ist mir peinlich, wenn ihre Freunde sie besuchen kommen. Ich koche nichts für sie, denn ich fürchte, dass es sie anekeln würde. Also kaufe ich ihnen in dem Laden hier in der Nähe etwas zu essen und zu trinken. Meist bestehe ich darauf, dass meine Verwandten nicht hierher kommen. Ich sage ihnen, dass unser Haus sehr klein ist und weit entfernt, dann machen sie sich erst gar nicht die Mühe.

Asanah

Hari, Sartini, Hasan, Meliani, Asanah

Wir alle hier sind Müllsammler. Wir leben unter der Mautbrücke, etwa 40 Personen. Ich kam vor sieben Jahren hierher. Da gab es kein Licht und keinen Strom. Jetzt ist es viel besser. Ich habe meine Freunde dazu geholt, Cousins, Neffen und Nachbarn. Wir alle haben ein Ziel: Wir arbeiten, damit wir etwas zu essen haben. An einem guten Tag kriegen wir etwa 30 000 Rupien zusammen. Es hängt davon ab, was wir finden.

Manchmal finden wir sehr viel, ein anderes Mal wenig. Manchmal finden wir Säcke voller Materialien aus Stahl und Plastik, für die man gutes Geld bekommt. Das ist es, was ein Müllsammler macht: Er sammelt alles, was sich noch weiterverkaufen lässt, ignoriert den Rest und zieht dann weiter. Die meisten Menschen finden Müll widerlich. Aber was sollen wir dagegen haben, wenn wir damit unsere Familien ernähren können? Wir würden jeden Job machen, solange er legal ist. Wir wollen keine Kriminellen sein. Wenn sie uns vertreiben, folgen wir einfach dem Boss. Solange man einen Anführer hat, gibt es auch Arbeit. Wenn man motiviert ist, findet man auch was zu tun.

Eisenbahngleise in Senen

Brückenbewohner

Diese Gegend gehört zur Mautautobahn. Wir müssen vorsichtig sein. Es heißt: „Pass auf, wenn du deine Zigarette wegwirfst, dass du kein Feuer entfachst!" Wenn es erst einmal brennt, kann man kaum mehr etwas machen. Wenn wir im Schlaf überrascht werden, kommen wir wahrscheinlich nicht heil heraus.

Vor drei Tagen ging unser Fernseher kaputt, also hat unser Boss uns seinen gegeben. Manchmal schauen wir zusammen fern, aber ich interessiere mich nicht sehr für die Programme. Die Jüngeren mögen Musik, andere wollen Nachrichten sehen. Wenn einem das, was man sieht, nicht gefällt, kann man umschalten. Ich gucke einfach das, was die Jüngeren sehen. Sie gucken sich *dangdut*-Musikvideos an, Filme, Nachrichten, alles Mögliche, sie haben ihren Spaß. Aber ich fühle mich dann wie ein alter Mann.

Suparno

Riyanto, Hari, Safei, Suparno, Supriadi

Müllsammler

Ich kann kaum noch laufen, weil ich Kinderlähmung hatte. Meine Mutter brachte mich in ein Krankenhaus. Sie wollte alles tun, damit ich gesund werde, aber sie konnte die Medikamente nicht bezahlen. Sie konnte nichts machen. Mutter sagte, vielleicht sei das mein Schicksal, vielleicht wolle Gott mich testen, ich müsse es eben akzeptieren.

Morgens sammle ich am Fluss Plastik ein. Dann gehe ich zu den Ampeln und bettle mit meiner Schwester Atim. Ich arbeite bis sechs Uhr. Manchmal werde ich vom Sicherheitspersonal oder von der Polizei verjagt. Dann verstecke ich mich, und wenn sie weg sind, komme ich zurück. Wie viel ich beim Müllsammeln verdiene, ist unterschiedlich. Es reicht, um Essen zu kaufen, aber es ist nicht genug, um Geld zu sparen.

Wenn man eine Hütte bauen will, muss man Holz und ein paar Nägel sammeln, und dann baut man das zusammen, fertig. Mein Haus steht unter der Kali-Malang-Brücke. Es ist drei Meter lang und etwa einen Meter hoch. Es reicht, um ein Dach über dem Kopf zu haben und sich vor dem Rest der Welt zu schützen.

Verstopfte Abwasserkanäle

Unter dieser Brücke wohnen mehr als 20 Leute. Wie es mir gefällt, hier zu leben? Na ja, man versucht, sich darauf einzustellen. Nachts wird es sehr heiß. Einmal im Jahr werden wir vertrieben, meist kurz vor den Lebaran-Feiertagen, mitten in der Nacht. Sie drohen, unsere Hütten niederzubrennen, wenn wir nicht weggehen. Ich bekomme dann Angst und gehe. Ich bin schon sechs Mal verhaftet worden.

Wir haben zwei Kinder. Die Älteste, Ikah, ist jetzt in der fünften Klasse. Früher lebte sie hier mit uns, aber ich hatte solche Angst, dass sie ausrutschen und in den Fluss fallen würde, dass ich sie in unser Dorf zurückgebracht habe. Sie wohnt jetzt bei ihrer Oma und geht dort zur Schule, das ist sicherer. Ich bleibe hier in Jakarta, um zu arbeiten. Meine Tochter braucht Kleider, Schuhe, Bücher und Stifte, bald hat sie ihre Prüfungen.

Imin

Imin, Enah

Ich lebe allein. Mein Mann hat mich verlassen. Es ist fünf Jahre her, seit ich ihn und meine Kinder das letzte Mal gesehen habe. Er hat unsere Töchter in Kuningan untergebracht. Er kümmert sich nicht um sie, besucht sie auch nicht. Es ist wirklich traurig, dass eine Mutter ihre Kinder nicht sehen kann. Vor einiger Zeit sagten meine Töchter, sie würden mich gern sehen, aber ich konnte nicht in das Dorf reisen, in dem sie leben. Ich hatte kein Geld, um die Fahrtkosten zu bezahlen.

Meine Kinder sind schon sehr groß. Die Älteste ist 15 und besucht die Highschool. Aber weder ihre Mutter noch ihr Vater kümmern sich um sie; sie ist bei Verwandten untergebracht. Sie möchte mich gern sehen. Ich werde sehr traurig, wenn ich diese Geschichte erzähle. Wie kann ich nur dorthin kommen? Ich habe die Adresse, aber mir fehlt das Geld für die Reise. Ich weine sehr viel.

Ich wache gegen fünf Uhr morgens auf. Meist fällt es mir schwer, nachts einzuschlafen. Ich denke an meine Kinder. Ich habe oft Angst. Mir wird ganz schwindelig, wenn

Straßenverkäufer in Tanah Abang

Kinder spielen auf den Wasserleitungen

ich über sie nachdenke. Wann werde ich endlich einmal das Leben genießen können? Seit ich klein bin, habe ich nur Kummer erfahren, nur das ewige gleiche alte Leben.

Mein Mann war nicht dabei, als mein drittes Kind geboren wurde. Als ich im siebten Monat schwanger war, bestand er darauf, dass ich weiter arbeite. Ich hatte immer wieder Unterleibsschmerzen, ich hatte nicht genug Kraft für die Arbeit. Mein Mann tat nichts. Stattdessen erzählte er herum, dass unser drittes Kind nicht von ihm stammt und beschuldigte mich, eine Affäre mit jemand anderem zu haben. Die Leute fingen an, über mich zu reden. Es war wirklich traurig, das zu hören. Es tat mir weh. Ich arbeite hart – ich bin etwas verwirrt. Deshalb bin ich auch so dünn. Es liegt nicht daran, dass ich nicht genug esse. Ich verstehe nicht, warum so viele Menschen mich verachten. Ich weiß, dass ich schlecht aussehe, aber ich habe nichts Böses getan. Ich bin sehr traurig.

Rukiah

Mein Sohn heißt Subeki. Er ist neun Monate alt. Bald wird sein erster Geburtstag sein. Früher schlief ich unter der Treppe eines Hauses, aber es störte die Leute, die dort lebten, also zog ich hierher, auf diese Bank. Ich fragte den Besitzer der Bank, ob ich hier schlafen kann, und er sagte ja. Ich komme gut mit meinen Nachbarn aus, also werde ich hier bleiben. Ich kümmere mich auch ein bisschen um die Sicherheit.

Meine Sachen bewahre ich in der Nähe der Treppe auf, wo ich vorher lebte, aber ich habe nur eine Handvoll Kleider. Ich trage sie, wasche sie, trockne sie und ziehe sie wieder an. Meine Arbeit ist genauso: Ich wasche anderer Leute Kleidung und sammle Plastikbecher ein. Ich arbeite, bis ich genug zusammen habe, um zu essen, dann höre ich auf. Wenn ich keine Lebensmittel mehr habe, fange ich wieder an zu arbeiten. Wenn es regnet, setze ich mich hin und nehme meinen Sohn auf den Schoß. Ich will nicht, dass er nass wird. Ich habe nichts gegen den kalten Wind und den Regen. Mir macht es nichts aus, nicht zu schlafen und Hunger zu haben, solange mein Sohn nicht hungrig ist.

Unter einer Autobahnbrücke

Vor vielen Jahren kam einmal ein Mann hierher. Er hatte ein Baby dabei, das etwa so alt war wie mein Sohn jetzt. Dieses Baby, das war ich. Mein Vater hatte nicht genug Geld, um mich zu versorgen, also gab er mich dem Mann, dem die Wasserpumpe da hinten gehört. Deswegen brauche ich nicht zu bezahlen, wenn ich da bade. Meine Stiefeltern haben mich damals aufgenommen und daher lassen sie mich das Wasser benutzen.

Als ich zwölf war, wurde ich das erste Mal verheiratet. Ich habe deswegen meine Schulausbildung abgebrochen. Aber mein Mann starb. Ich habe den Männern immer gefallen, und natürlich wollte ich eine Familie, aber leider hat einer mich hinters Licht geführt. Es stellte sich heraus, dass er schon verheiratet war – ich bekam sein Baby.

Das ist meine Geschichte.

Subur

Subur, Subeki

DIE UNTERSCHIEDLICHEN ÖKONOMISCHEN VERHÄLTNISSE VON CARACAS SIND IM URBANEN BILD KLAR erkennbar. Die Hauptstadt Venezuelas liegt in einem Tal, wo Bürohochhäuser, Geschäftsviertel und die Wohngegenden der Begüterten angesiedelt sind. Doch wenn man nach oben schaut, sieht man überall Barackenstädte, die in die steilen Hänge hineingebaut wurden. Sie umgeben die ganze Stadt. Die Zahl der Bevölkerung von Caracas hat sich in den vergangenen 50 Jahren mehr als vervierfacht. Doch trotz des Ölbooms und des populistischen Regierungsstils von Präsident Hugo Chávez leben etwa 50 Prozent der Caraqueños in ärmlichen Wohnvierteln, *barrios* genannt. Die Lebensbedingungen in diesen Teilen der Stadt sind zwar unterschiedlich, doch haben viele ihrer Bewohner keinen Zugang zur sanitären Grundversorgung wie den Abwassersystemen oder der legalen Stromversorgung. Zudem ist Caracas eine gefährliche Stadt. Nach Aussagen der UNESCO sterben in Venezuela mehr Menschen bei Schießereien als in jedem anderen Land, das sich nicht im Krieg befindet. Laut Jahresstatistik wurden 2007 im ganzen Land 12 000 Menschen ermordet. In dem ruinierten Sozialgefüge von Caracas und in den Barrios kommt es aufgrund von vernichtenden Bandenkriegen, Überfällen und anderen Gewaltverbrechen zu hundert Tötungsdelikten pro Woche.

Obwohl Gewalt hier zum Leben gehört, werden die Häuser von ihren Bewohnern liebevoll instand gehalten. Im Laufe der Jahre wurden aus simplen, mit Planen bespannten Holzhütten mehrstöckige Ziegelhäuser, von denen einige den Komfort der Mittelklasse mit gefliesten Böden, gemütlichen Möbeln und Haushaltsgeräten aufweisen. Doch der Alltag ist von Angst beherrscht. Hausfrauen, Ladenbesitzer und Kinder teilen sich diese Gegend mit bewaffneten Jugendlichen – frisch gewaschene Schuluniformen hängen zum Trocknen neben Mauern, die mit Schusslöchern übersät sind.

LOS BARRIOS, CARACAS

Als wir hier ankamen, war das nur ein wild bewachsener Berghang. Wir wollten ein Haus kaufen, weil wir zur Miete wohnten, also kam ich eines Sonntags hier vorbei und sah eine Hütte mit einem Schild: „Zu verkaufen". Sie gefiel mir. Ich sprach mit den Besitzern und wir einigten uns. Gott sei Dank ist dies eine gesunde Gegend. Es gibt auch nicht viele Verbrechen, das hält sich in Grenzen.

Was Sie hier sehen, wurde Stück für Stück gebaut, mit vielen Opfern. Vorher sah es nicht so aus. Das hier war einmal eine Hütte mit vier Pappwänden. Meine Frau und ich haben das Haus langsam ausgebaut bis zu seinem heutigen Zustand. Ich mag den Kolonialstil. Ich habe in meiner Heimatstadt einmal eine Hausfassade gesehen, die mir gefiel. Ich machte davon ein Modell, brachte es her und baute unser Haus so, wie es jetzt ist. Wir haben vieles hinzugefügt. Meine Frau bemalt gerne Keramik, dann richtet sie alles schön ein und pflegt unser Heim, in dem wir unsere Familie gegründet haben. Ich käme nie auf die Idee, von hier wegzuziehen.

Neue Siedlung

Sie ist eine tolle Frau. Ich musste nicht lange um ihre Hand anhalten. Nach drei Monaten war sie die meine. Ich habe sie geraubt! Es war aufregend. Sie lebte da unten. Ich ging jeden Tag vorbei und sagte ihr kleine Dinge. Ich bot ihr an, sie zur Schule zu bringen. Nach und nach verliebten wir uns ineinander. Dann habe ich sie ihren Eltern weggestohlen! Niemals würde ich meine Frau gegen eine andere eintauschen. Ich bin glücklich mit ihr, zufrieden und ich respektiere sie. Wir respektieren uns gegenseitig. So sollte das sein, wenn man als Paar zusammenlebt. Wir sind schon 22 Jahre zusammen.

Es war nicht einfach, vor allem finanziell. Schauen Sie, sie arbeitet hier und kümmert sich um die Kinder und ich arbeite für zwei Firmen, damit wir überleben. Aber wir haben es geschafft. Wir haben vieles geopfert und schließlich ist alles gut ausgegangen.

Ritze Silva

Ritze, Dayana, Yirma, Flor Maria, Ritzibel

Dieses Viertel ist verloren. Er auch, weil er heimlich Drogen nimmt. Ich leide darunter. Er weiß nicht, wie alt er ist. Er sagt, er sei 23, aber er ist erst 18. Er ist krank. Er zog bei mir ein, als er 15 Jahre alt war. Er kann sich nicht an seine Mutter gewöhnen. Ich werde Ihnen die Wahrheit sagen.

Hier sieht man sogar Zwölfjährige, die Pillen schlucken. Ich habe keine Ahnung, woher sie die haben. Wer verkauft diese Tabletten? Ich weiß nicht, vielleicht besorgen sie sich die Tabletten in der Innenstadt. Aber so viel ist klar: Diese Kinder sind auf dem falschen Weg. Ihn hier habe ich unter Kontrolle, das kommt schon selten genug vor. Er ist schüchtern. Der Vorteil ist, dass er nicht viel redet und am liebsten allein ist. Er unterhält sich nur mit mir. Sie sehen ja, er ist sehr still und stört niemanden. Außer wenn er trinkt oder Drogen nimmt, dann taucht er mit einer Machete auf und wird aggressiv. Wenn man sich dann mit ihm anlegt, hat man ein Problem. Die restliche Zeit über ist er ruhig.

La Cota 905

Die Polizei durchsucht Jugendliche

Wenn die Gangster mit ihren Waffen hier auftauchen, sage ich ihnen, sie sollen woanders hingehen, da oben kämpfen, eine Schießerei austragen wie Cowboys. Haben Sie das Haus eben gesehen? Das Haus hat 36 Einschusslöcher. Das alles macht mir keine Angst. Wir haben uns daran gewöhnt. Wenn die Jungs von da oben mit denen hier unten etwas auszutragen haben und ein Schusswechsel beginnt, schließt man die Tür und versteckt sich. Sie kommen nicht in unsere Häuser. Sie tragen die Probleme unter sich aus, von Bandit zu Bandit, wie mein Enkel so schön sagt. Wenn eine Schießerei beginnt, kümmern die Leute sich um die Kinder. Die Mütter holen ihre spielenden Kinder rein und verstecken sie drinnen. Jeder schließt seine Tür. Sie tragen ihre Schießerei aus, dann geht jeder seiner Wege. Wenn es still ist, kommen wir raus.

Pilar Oviedo

Pilar, Wilmer

Ich bin hier der Friedensrichter. Ich lebe schon seit 43 Jahren in diesem Barrio. Als ich hier ankam, war ich zehn Jahre alt. Ich blieb hier. Ich bin eine Respektsperson. Ich habe hier schon einige ernste Probleme gelöst. Das Wichtige ist, dass die Leute dem, was ich sage, Aufmerksamkeit schenken. Ich kümmere mich um das Wohl der Gemeinde. Manchmal muss ich bei möglichen Gewalttaten einschreiten. Die einen sagen: „Was sollen wir tun? Diese Jungs hier wollen die anderen umbringen." Dann sage ich: „Passt auf, der Friedensrichter ist hier, um mit euch zu reden und euch klarzumachen, dass das nicht passieren wird." Dann erwidern sie: „Nein, sobald wir den anderen begegnen, werden wir uns gegenseitig töten." Also spreche ich mit der einen Gruppe und höre mir an, was sie zu sagen hat. Am nächsten Tag höre ich mir die andere Seite an. Dann sage ich: „Hört zu, was wollt ihr machen? Ich bin der Friedensrichter. Und wer seid ihr, Verbrecher?" „Nein, ich bin kein Verbrecher. Aber wenn die es auf mich abgesehen haben, besorge ich mir eine Waffe und dann wird Blut fließen." Also sage ich:

Nachtpatrouille in Petare

Barrio El Valle

„Kommt, lasst uns beide Seiten zusammenbringen und dann schauen wir, wie wir das Problem lösen." Ich gebe ihnen etwa acht Tage Zeit. Wenn sie einen Streit haben, von dem ich glaube, dass er gelöst werden kann, sage ich: „Jungs, wir treffen uns alle bei mir." Wir nehmen die Waffen und gehen in mein Büro, um das Problem zu lösen.

Ein Friedensrichter soll auch bei Ehekrisen helfen. Ich besuche die Leute zu Hause und sage: „Hör mal, wie kommst du auf die Idee, deine Frau und deine drei Kinder verlassen zu wollen? Deine Kinder sind klein, zwei, drei und fünf Jahre alt." Nach etwa sechs Wochen gehe ich wieder hin, um zu sehen, wie sich die Sache entwickelt hat. Oft haben die beiden sich dann wieder neu ineinander verliebt. Sie verstehen wieder, worum es im Leben geht und es geht ihnen und ihren Kindern wieder gut.

Bonifacio Rosales

Bonifacio, Sara, Yordalis

Als ich hierher kam, war dies bloß eine Schlucht. Wir bauten uns eine Holzhütte. Damals hatte ich noch keine Familie. Später habe ich geheiratet und vier Kinder bekommen. Danach kamen meine Enkelkinder zu mir. Um die kümmere ich mich jetzt.

Hier hat sich vieles verändert. Ich erinnere mich, dass wir als Kinder problemlos da runter gehen konnten – das geht heutzutage nicht mehr. Heute muss man sich einschließen. Wer nachts arbeitet, ist in Gefahr. Wir laufen zügig und bleiben nicht stehen. Wenn wir stehenbleiben, werden wir vielleicht überfallen oder etwas anderes passiert.

Hier Kinder großzuziehen ist sehr gefährlich. Sie sind die ganze Zeit drinnen. Sie können noch nicht einmal draußen auf der Treppe spielen, denn wenn man es am wenigsten erwartet, beginnt wieder eine Schießerei und diese Kriminellen rennen hier vorbei. Schrecklich. Dieser Berg ist einfach schrecklich. Unser Haus ist sehr klein. Wir schlafen übereinander. Manchmal sind in einem Bett vier bis fünf Kinder, plus die Erwachsenen. Morgens wachen sie weinend auf, weil irgendjemandes Fuß oder Arm auf ihnen liegt.

Barrio 23 de Enero

Baseball spielende Kinder

Für die Kinder ist es hier nicht sehr angenehm, aber sie müssen sich geistig weiterbilden. Der Verstand lenkt den Körper des Menschen, stimmt doch, oder? Sie sind hier wie Sardinen in der Dose, aber irgendwie kommen wir doch zurecht. Hier kriegen sie zu essen und wir kümmern uns gut um sie. Wir möchten, dass sie gesund sind. Sie sagen, sie fühlen sich von uns unterdrückt. Das stimmt aber nicht. Wir beschützen sie eben so sehr, damit sie nicht vom rechten Weg abkommen. Hier sieht man Zehnjährige, die bewaffnet sind. Das ist es, wovor wir sie schützen wollen. Wenn sie sich draußen auf der Straße herumtreiben, lernen sie nur Dinge, von denen sie die Finger lassen sollten, also haben wir sie lieber hier, zu Hause. Wir wollen nicht, dass sie auf die Straße hinausgehen, weil heutzutage überall das Verbrechen lauert. In diesem Slum wird fast jederzeit irgendjemand umgebracht.

Gertrudis Margarita Torrealba

Veronica, Manuel, Gertrudis, Elvimar, Javier, Veruska, Katiuska, Jean Marco, Marbelis

Razzia in Petare

Ich ziehe es eigentlich vor, mit niemandem zu reden. Ich finde die Menschen abstoßend. Die Bandenkriege entstehen aus Neid: Wer ist der Beste, solche Sachen. So hat auch meine Geschichte angefangen. Wir waren keine schlimmen Jungs oder so. Wir wollten einfach nur singen, cool sein, Alkohol trinken, was lernen, Mädchen kennenlernen. Dann fingen die Probleme an. Das ist es, was man in diesem Barrio überall findet: Gerede, Neid, Probleme – aber eigentlich geht es nur um Konflikte. Um männlich zu sein, sagten wir: „Wir müssen uns verteidigen!" Und dann fließt Blut.

Ich weiß gar nicht mehr, was ich will. Es gab eigentlich nie eine Zeit, von der ich sagen könnte, da ging es mir gut. Ich habe gar keine schönen Erinnerungen. Stattdessen sehe ich nur negative Dinge. Ich erlebe manchmal nette Augenblicke mit jemandem, aber ich habe das Glück nicht gefunden. Das muss eben die richtige Balance haben. Wenn man total gut ist, wird das Leben langweilig. Wenn man völlig böse ist, wird es auch langweilig, also versuche ich, das ein bisschen auszugleichen.

Wer sich mit mir oder meinen Leuten anlegt, oder wenn irgendein Gerücht die Runde macht, werde ich sauer. Ich will gar nicht daran denken, wie viele ich erschossen habe. 15 oder so was um den Dreh. Du musst töten, sonst töten sie dich. Es geht darum, wer am längsten überlebt. Wenn ich sterben sollte, dann ist das eben so. Das ist normal. Wenn es eine Schießerei gibt, gucken die Leute zu – wie bei einem Konzert. Sie stellen sich vor, wie es wäre, wenn sie selbst sterben.

Das Leben hier ist sehr intensiv. Jeder hier ist bereit zu töten. Einmal sind wir da runter gegangen, zur anderen Seite. Wir haben einen Typen erwischt und ihn angezündet. Wir haben sogar seinen Kopf abgeschnitten und jeder hat ihn mal gehalten. Ich hab hier irgendwo noch das Foto.

Carlos Fernandez

Veronica, Carlos

DANKSAGUNG

Nach dreijähriger Arbeit an *So leben wir* gibt es eine große Zahl von Personen, denen ich danken möchte. Zunächst einmal gilt mein besonderer Dank den Familien, die mich so großzügig in ihre Häuser einluden und mir ihre Geschichten erzählten. Ich danke Peter Gachanya, José Orozco, Manoj Jairam Thakur sowie Abi und Heri Yanto, die mich durch die unübersichtlichen Viertel jeder der in diesem Buch vorgestellten Städte führten.

Dieses Projekt wäre nicht zustande gekommen ohne die Unterstützung von David Griffin, Chris Johns, Sarah Leen und allen Mitarbeitern von *National Geographic* sowie Ruth Eichhorn, Venita Kaleps und Nadja Masri von *GEO*. Für ihre Unterstützung sei auch der Alicia Patterson Foundation, dem Norwegian Arts Council, Oxfam Novib, dem Nobel Peace Center und der Freedom of Expression Foundation gedankt.

Ich danke meinen Verlegern Lesley A. Martin, Maarten Schilt, Jan Mets, Roberto Koch, Alessandra Mauro, Marianne Théry, Herneid und Rosemarie von dem Knesebeck, Jeppe Wikström, Marika Stolpe und Håkon Harket. Einmal mehr möchte ich mich bei dem stets freundlichen und intelligenten Michael Famighetti bedanken, der mir half, diesem Buch seine Form zu geben, und bei Susan Olle, die sich mit aufmerksamem Blick um das Design kümmerte. Ein besonderer Dank gilt darüber hinaus Philip Gourevitch für seine Einleitung.

Viele Menschen haben diesem Projekt während seiner diversen Entstehungsphasen unterstützend zur Seite gestanden, darunter Jean-François Leroy, Mark Jacobson, John Stanmeyer, Zijah Gafic, David Alan Harvey, Matthew Pimm, Mariella Furrer, Kemal Jufri und Enrico Aditjondro. Besonders verbunden fühle ich mich auch den Fotografen und Mitarbeitern von Magnum Photos.

Schließlich möchte ich von tiefstem Herzen meiner Frau Laara und meinem Sohn Milo danken, deren Liebe und Unterstützung dieses Projekt von Anfang an inspiriert und beflügelt haben.

Bibliografische Information Der Deutschen Nationalbibliothek
Die Deutsche Nationalbibliothek verzeichnet diese Publikation in der Deutschen Nationalbibliografie;
detaillierte bibliografische Daten sind im Internet unter http://dnb.d-nb.de abrufbar.

Umschlagabbildung vorn: Hochzeitsbeleuchtung, Dharavi, Mumbai
Umschlagabbildung hinten: El Valle, Caracas
Abbildung auf Seite 4: Vorschule in Dharavi, Mumbai
Titel der Originalausgabe: *The Places We Live*
Erschienen bei Aperture Foundation, Inc., New York 2008
Copyright © 2008 Aperture Foundation, Inc., New York
Fotografien und Text © 2008 Jonas Bendiksen/Magnum Photos
Einführung © 2008 Philip Gourevitch

Deutsche Erstausgabe
Copyright © 2008 von dem Knesebeck GmbH & Co. Verlags KG, München
Ein Unternehmen der La Martinière Groupe

Umschlaggestaltung: Fabian Arnet
Komplettproduktion: Büro für Lektorat & Producing, Dr. Doris Hansmann
Übersetzung aus dem Englischen: Lizzie Gilbert
Lektorat: Doris Hansmann
Satz: ce redaktionsbüro für digitales publizieren, Heinsberg
Druck: Graphicom
Printed in Italy

ISBN 978-3-89660-587-0

www.knesebeck-verlag.de